»Die Liebe besteht zu drei Vierteln aus Neugier« –

Er

Ehepa

und spar

Und s ... eine Karte

und lest sie euch laut vor. Die Fragen könnt ihr euch sofort gegenseitig beantworten (am besten wechselt ihr euch dabei ab). Oder ihr notiert eure Antwort zunächst auf einem Blatt Papier, damit ihr euch nicht gegenseitig beeinflusst, und überprüft gemeinsam am Schluss, wie oft ihr mit euren Antworten richtig lagt. Für jede richtige Antwort gibt es 1 Punkt. Jede weitere korrekte Mehrfachnennung gibt 1 Bonuspunkt extra.

So gut kennt ihr euch also wirklich

Viel Vergnügen beim Lösen, Tüfteln und Rätseln – vor allem aber jede Menge Spaß beim gemeinsamen Austausch! Dieser Test hält garantiert einige Neuigkeiten für euch bereit!

Über 99 Punkte: SPITZENREKORD!!!
Du bist absoluter Experte/absolute Expertin, was deinen Schatz betrifft.

Über 66 bis 99 Punkte: Respekt, du kennst deine bessere Hälfte annähernd so gut wie dich selbst.

Über 33 bis 66 Punkte: Gut, aber teilweise noch ausbaufähig.

Bis 33 Punkte: Macht nichts – üben, üben, üben.

49.

ANGENOMMEN,
IHR WÜRDET
auswandern:
WO WÜRDE DEIN
HERZENSMENSCH AM
LIEBSTEN LEBEN?

50.

Worauf könnte dein:e Partner:in im täglichen Leben am ehesten verzichten?

A Auto
B Fernseher
C Smartphone
D W-LAN
E Kaffeemaschine

51.

Für welche der folgenden Personen könnte dein Schatz am meisten Bewunderung aufbringen?

A Mahatma Gandhi
B Sophie Scholl
C Che Guevara
D Coco Chanel
E Dalai Lama
F Mutter Teresa
G Albert Einstein
H Marie Curie
I Robin Hood
J Jeanne d'Arc

52.

Wer, glaubst du, gehört zu den absoluten Lieblingshelden seiner/ ihrer Kindheit?

A Pippi Langstrumpf
B Wickie und die starken Männer
C Bibi Blocksberg
D Captain Future
E Biene Maja
F Die drei ???
G Hanni und Nanni
H Die Brüder Löwenherz
I Super Mario

53.

WIE HEISST
SEIN/IHR AKTUELLER
Lieblingssong?

54.

WENN DEIN
LIEBLINGSMENSCH DIE
CHANCE HÄTTE, AUF EINMAL
berühmt ZU SEIN,
ALS WAS BZW. WODURCH
WÄRE ER/SIE ES?

55.

Wie trinkt dein Schatz seinen/ihren Kaffee am liebsten?

A Schwarz
B Mit Milch
C Mit Sahne
D Mit Süßstoff
E Mit 1 Löffel Zucker
F Mit 2 Löffel Zucker
G Mit 3 oder mehr Löffel Zucker
H Gar nicht

56.

Und wie trinkt er/sie seinen/ihren Tee?

A Pur

B Mit Milch

C Mit Sahne

D Mit Zitrone

E Mit Honig

F Mit Kandis

G Mit 1 Löffel Zucker

H Mit 2 Löffel Zucker

I Mit 3 oder mehr Löffel Zucker

J Gar nicht

57.

Mag dein Schatz das Endstück vom Brot?

A Ja

B Nein

C Egal

58.

Wenn ihr euch morgens
ein Brötchen teilt,
welche Hälfte bevorzugt
dein Lieblingsmensch?

A Oben
B Unten
C Egal

59.

GIBT ES BEI **Gummibärchen** EINE FARBE, DIE ER/SIE AM LIEBSTEN MAG?

60.

Wenn im Restaurant das Essen versalzen ist, was würde dein Mann/deine Frau tun?

A Es zurückgehen lassen und Neues ordern

B Es trotzdem konsumieren und nichts sagen

C Sich lauthals beschweren und nicht zahlen

D Bei dir mitessen

61.

Hat dein Schatz noch alle Weisheitszähne?

A Ja

B Nein

62.

JEDER MENSCH HAT SO SEINE
Ecken und Kanten.
WELCHE MACKE, DENKST DU,
LIEBT DEIN SCHATZ
BESONDERS AN DIR?
UND WELCHE MAG ER/SIE
AM WENIGSTEN?

63.

WANN HATTET IHR ZUM LETZTEN MAL **Streit?** UND WORUM GING ES AUS SEINER/IHRER SICHT?

64.

Wie gut kann dein Schatz, wenn es nach seinem/ihrem Empfinden geht, ein Geheimnis bewahren?

A Gar nicht

B Kommt drauf an

C Kann schweigen wie ein Grab

65.

WENN DEIN
MANN/DEINE FRAU EINEN
neuen Beruf
ERLERNEN MÜSSTE:
WELCHEN JOB WÜRDE
ER/SIE SICH
AUSSUCHEN?

66.

WANN HAT
DEIN:E PARTNER:IN
ZUM LETZTEN MAL
geweint?
UND WARUM?

67.

Falls dein Schatz einen Scheitel trägt, wie trägt er/sie ihn? (Hingucken gilt nicht!)

A Nach rechts

B Nach links

C In der Mitte

68.

Für welche dieser »Trendsportarten« lässt sich dein Mann/deine Frau am meisten begeistern?

A Kitesurfen
B Slacklining
C Parkour
D Stand-up-Paddling
E Speedminton
F Zumba
G Keine

69.

Wie leicht trennt er/sie sich von alten Dingen?

A Leicht
B Mittel
C Schwer
D Gar nicht

70.

Singt dein:e Partner:in unter der Dusche?

A Ja, immer

B Nur manchmal

C Ganz selten

D Nie

71.

WENN NÄCHSTEN SONNTAG **Wahlen** WÄREN, WEN WÜRDE DEIN LIEBLING WÄHLEN?

72.

Was glaubst du, für wie großzügig hält dein Schatz sich selbst?

A Geradezu verschwenderisch

B Sehr großzügig

C Angemessen

D Gar nicht

73.

Was war in den Augen deines Schatzes die schlimmste Modesünde, die er/sie je begangen hat?

A Vokuhila-Frisur

B Weiße Tennissocken in Sandalen

C Bauchfreies Oberteil

D Kunterbunte Schlaghosen

E Unterwäsche mit Comicmotiv

F ....

74.

Was denkt dein Ehemann/ deine Ehefrau, wie gut er/sie tanzen kann?

- A Habe zwei linke Beine!
- B Passt schon.
- C Gut, und das mit Spass.
- D I'm in the house!

75.

ANGENOMMEN,
IHR HABT EINMAL
FURCHTBAREN STREIT.
MIT WEM KANN DEIN
LIEBLINGSMENSCH ÜBER
alles reden?

76.

WAS DENKST DU -
GIBT ES ETWAS,
DAS ER/SIE GAR NICHT
AN SICH SELBST MAG?
Was?

77.

Wer von euch beiden kann laut deinem Schatz besser kochen?

A Er/sie selbst

B Der/die andere

C Kommt aufs Gericht an

D Niemand

78.

Und wer kann laut deinem Schatz besser Auto fahren?

A Er/sie selbst

B Der/die andere

C Beide gleichermaßen

79.

Für wie ehrlich hält sich dein Herzensmensch?

A Was heißt heutzutage schon ehrlich?!

B Angenehm normaler Durchschnitt

C Durch und durch

D Manchmal vielleicht ein bisschen übertrieben

80.

Glaubst du, dein Liebling würde aus Höflichkeit, um die Gefühle anderer nicht zu verletzen, die Unwahrheit sagen?

A Ja

B Nein

81.

Welche der folgenden Figuren aus Film und Literatur findet dein Schatz am besten?

A Frodo, Herr der Ringe
B Galadriel, Herr der Ringe
C Han Solo, Star Wars
D Prinzessin Leia, Star Wars
E Indiana Jones
F Erin Brokovich
G James Bond
H Emma, Jane Austen
I Michael Knight, Knight Rider
J Beatrix Kiddo, Kill Bill

82.

WENN DEIN
LIEBLINGSMENSCH
PLÖTZLICH **drei**
Wünsche frei
HÄTTE, WAS WÜRDE ER/SIE
SICH WOHL WÜNSCHEN?

83.

Was denkst du, welche der unten stehenden Bäume könnte dein Mann/ deine Frau in freier Natur erkennen?

A Ahorn
B Lärche
C Buche
D Tanne
E Fichte
F Pappel

84.

Und welche dieser Blumen könnte er/sie benennen?

A Krokus

B Kornblume

C Veilchen

D Löwenzahn

E Rose

85.

Wenn dein Schatz ein verirrtes Haustier auf der Straße finden würde, was würde er/sie tun?

A Mit nach Hause nehmen
B Ins Tierheim bringen
C Einfach weitergehen
D Dich anrufen
E Die Flucht ergreifen

86.

Hat dein:e Partner:in schon mal ein Gedicht geschrieben?

A Ja

B Nein

87.

GIBT ES EINE PEINLICHE SITUATION AUS DER VERGANGENHEIT, ÜBER DIE DEIN HERZENSMENSCH HEUTE LACHEN KANN?

Wenn ja, welche?

88.

WEISST DU,
WANN, WO UND VON
WEM DEIN SCHATZ
SEINEN/IHREN
ersten Kuss
BEKOMMEN HAT?

89.

HAT ER/SIE
JEMALS ETWAS
ILLEGALES GETAN?
**Wenn ja,
was?**

90.

Hat dein:e Partner:in früher (heimlich) die »Bravo« gelesen?

A Ja

B Nein

C Nicht die »Bravo«, aber: ....

91.

Gibt es etwas,

DAS DEINEM
LIEBLINGSMENSCHEN
ANGST MACHT?
(HÖHE, ENGE, SPINNEN
O. Ä.)

92.

WAS IST SEIN/IHR

Lieblingszitat?

(AUS FILM, LITERATUR O. Ä.)

93.

HAT DEIN MANN/
DEINE FRAU EINE
Lieblingsfarbe?
WENN JA, WELCHE?

94.

GIBT ES EINE
Jahreszeit,
DIE ER/SIE AM
LIEBSTEN MAG?
WENN JA, WELCHE?
UND WARUM?

95.

Auf welchem Körperteil hat dein:e Partner:in die meisten Muttermale?

A Rücken
B Arme
C Beine
D ....

96.

Meidet dein Schatz es,
im Zug oder in der U-Bahn entgegen
der Fahrtrichtung zu sitzen?

A Ja, immer

B Nein

C Manchmal

97.

Was für ein Schokoladentyp ist dein Lieblingsmensch?

A Zartbitter
B Vollmilch
C Weiß
D Nougat
E Nuss
F ....

98.

Für wie eigensinnig und stur hält dein:e Partner:in sich?

A Wenn ich mir etwas in den Kopf gesetzt habe, dann ziehe ich das auch durch!

B Ich habe so lange recht, bis mich jemand vom Gegenteil überzeugt!

C Ich würde das gerne so machen, aber ich lass auch mit mir reden ...

D Entscheidet ihr, ich häng mich dann einfach mit dran ...

99.

WAS WAR SEINER/
IHRER MEINUNG NACH
DEIN SCHÖNSTER
Liebesbeweis
AN IHN/SIE?

In einigen Fällen war es nicht möglich, für den Abdruck der Texte die Rechteinhaber:innen zu ermitteln. Honoraransprüche der Autor:innen, Verlage und ihrer Rechtsnachfolger:innen bleiben gewahrt. Die in dieser Kartenbox gewählten geschlechtlichen Formen beziehen sich immer zugleich auf weibliche, männliche und diverse Personen, denn natürlich sollen unsere Bücher allen Menschen Freude bringen.

Covermotive: www.shutterstock.com:
lavendertime, Naticka
Motive Innenteil: www.shutterstock.com: Kite-Kit,
lavendertime, Le Chernina, Naticka, Only background

Covergestaltung: Grafisches Atelier, arsEdition GmbH
Gestaltung Innen: Eva Schindler

ISBN 978-3-8458-4726-9
www.arsedition.de

1.

Was kann dein Liebling gar nicht?

A Die Waschmaschine bedienen
B Reifen wechseln
C Schach spielen
D Sich in Geduld üben
E Lügen
F Krabben pulen

2.

WAS IST
SEINE/IHRE LIEBSTE
Eissorte?

3.

WAS IST DAS
Lieblingsessen
VON DEINEM
SCHATZ?

4.

WAS IST
SEIN/IHR
Lieblings-
getränk?

6.

Wenn Geld keine Rolle spielen würde: Wo würdet ihr, wenn es nach deinem Gegenüber geht, (zeitweilig) wohnen?

A Schickes Loft in der City
B Haus am Meer
C Blockhütte in den Bergen
D Alter Bauernhof im Grünen
E Schnuckeliges Hausboot
F Traumschloss
G Im Campingbus

5.

Wie bestellt dein:e Partner:in Wasser im Restaurant?

A Mit Sprudel
B Ohne Sprudel
C Mit Zitronenspalte

8.

WAS IST SEIN/IHR
Traumauto?

7.

WANN HAT
DEIN SCHATZ
ZUM LETZTEN MAL
MIT SEINER/IHRER
Mutter
TELEFONIERT?

9.

Wo bewahrt dein Schatz unterwegs das Handy auf?

A Rechte Hosentasche
B Linke Hosentasche
C Handtasche Seitenfach
D Handtasche innen
E Umhängetäschchen
F Rucksack
G Gürteltasche

10.

WAS BRINGT DEINEN LIEBLINGSMENSCHEN SCHNELL AUF DIE *Palme?*

12.

WO WURDE SEIN/IHR **Vater** GEBOREN?

11.

Welches Glücksspiel hat dein:e Partner:in schon ausprobiert?

A Lotto
B Blackjack
C Wer wird Millionär?
D Sportwetten
E Roulette

14.

HAT DEIN:E PARTNER:IN EINE **Lieblingsserie?** WENN JA, **welche?**

13.

Was ist deinem Liebling im Urlaub wichtig?

A Luxus
B Abenteuer
C Sonne
D Romantik
E Essen
F Kingsize-Bett
G Entspannung
H Sport

15.

Welchen dieser Filme hat er/sie gesehen?

A Titanic

B Star Wars

C Dirty Dancing

D 2001: Odyssee im Weltraum

E Verrückt nach Mary

F James Bond 007: Skyfall

G Die Reifeprüfung

16.

WIE VIELE
Geschwister
HAT SEINE/IHRE
MUTTER?

18.

Wovon träumt er/sie heimlich?

A Cabrio fahren
B Bagger fahren
C Fallschirmspringen
D Rockstar sein
E Model-Karriere
F Erotische Abenteuer
G Auswandern

17.

Glaubt dein Lieblingsmensch an Gott?

A Ja
B Nein
C Manchmal

19.

Womit hat dein Mann/deine Frau als Kind am liebsten gespielt?

A Lego
B Playmobil
C Barbie
D Modelleisenbahn
E Puppenhaus
F Spielzeugautos
G Nachbarshund
H Stofftiere
I Stöcke, Steine und was sich sonst so draußen findet

20.

Welches Buch

LIEST ER/SIE GERADE?

22.

WAS ZÄHLT
ZU SEINEN/IHREN
SCHÖNSTEN
**Kindheits-
erinnerungen?**

21.

Kann dein Herzensmensch die Zunge rollen?

A Ja

B Nein

24.

Welche Kleidergröße trägt er/sie (meistens)?

A XS
B S
C M
D L
E XL
F XXL

23.

WAS WAR DAS
LETZTE
Geschenk,
DAS DEIN SCHATZ
BESORGT HAT?
FÜR WEN?

25.

WELCHE

Schuhgröße

TRÄGT DEIN

HERZENSMENSCH?

26.

Ist sein/ihr zweiter Zeh länger als der große Zeh?

A Ja

B Nein

28.

Hat dein Ehemann/deine Ehefrau schon mal euren Hochzeitstag vergessen?

A Ja, und zwar so oft: ....

B Noch nie

27.

WAS IST SEIN/IHR ABSOLUTES **Traumreise-ziel?**

29.

WELCHES **Lebensmittel** SCHMECKT DEINEM SCHATZ GAR NICHT?

30.

Dein Lieblingsmensch findet einen wertvollen Ring auf der Straße. Was würde er/sie tun?

A Ihn mir schenken

B Ihn zu Geld machen

C Ihn ins Fundbüro bringen

D Einen Zettel in der Nachbarschaft aufhängen

31.

WAS WAR
SEIN/IHR
MEISTGEHASSTES FACH
IN DER
Schule?

32.

Hat dein Schatz einen grünen Daumen?

A Ja

B Nein

C Kommt ganz auf die Pflanze an

34.

Wie lang putzt er/sie sich die Zähne?

A Unter drei Minuten

B Genau drei Minuten

C Länger als drei Minuten

33.

Was würde dein Mann/deine Frau auf einer Städtereise unbedingt als erstes besichtigen?

A Shoppingmeile
B Museum
C Sehenswürdigkeit
D Marken-Outlet
E Partymeile
F Aussichtspunkt
G Toprestaurant
H Wellnessbereich im Hotel

36.

WELCHES
POSTER HING
IN SEINEM/IHREM
**Kinder-
zimmer?**

35.

Was ist die liebste Schlafposition von deinem Schatz?

A Auf dem Bauch

B Auf dem Rücken

C Auf der Seite

38.

Welches (Film-)Tier käme deinem Schatz am ehesten ins Haus?

A Nemo (Fisch)
B Lassie (Hund)
C Garfield (Katze)
D Bugs Bunny (Nager)
E Tweety (Vogel)
F Kaa (Reptil)

37.

Wie lange dauert ein durchschnittliches Telefongespräch bei ihm/ihr?

A Unter fünf Minuten

B Über fünf Minuten

C Über 15 Minuten

D Über 30 Minuten

E Eine Stunde und mehr

40.

Welches dieser Sternbilder kann er/sie am Himmel erkennen?

A Großer Bär/Wagen

B Kreuz des Südens

C Schütze

D Andromeda

E Keines

39.

Welchen Film

HAT DEIN:E PARTNER:IN BISHER AM HÄUFIGSTEN GESEHEN?

42.

HATTE DEIN HERZENSMENSCH ALS KIND EINEN **Spitznamen?** WENN JA, WIE LAUTETE ER?

41.

Wie lange dauert es in der Regel, bis dein Mann/deine Frau eingeschlafen ist?

A Keine 2 Minuten

B 10 bis 15 Minuten

C Länger als 15 Minuten

D Über eine halbe Stunde

44.

Welches der folgenden Ämter würde dein:e Partner:in am ehesten antreten?

A Bundeskanzler:in
B Aussenminister:in
C Finanzminister:in
D Umweltminister:in
E DFB-Präsident:in
F Elternbeiratsvorsitzende:r

43.

Wenn jemand eine Maschine erfinden würde, die Zeitreisen ermöglicht, wohin würde dein Schatz dann reisen?

A Vergangenheit
B Zukunft

46.

WAS WAR DIE
ERSTE **Musik**-CD
BZW. -PLATTE,
DIE ER/SIE SICH
GEKAUFT HAT?

45.

HAT ER/SIE
Vorbilder?
WELCHE?

48.

Welche der folgenden Tätigkeiten im Haushalt mag dein Mann/ deine Frau am wenigsten?

A Staubsaugen
B Kochen
C Einkaufen gehen
D Abspülen
E Putzen
F Müll runterbringen

47.

WAS WAR SEIN/IHR
letzter
Traum?
WAS IST PASSIERT?
UND WER KAM
DARIN VOR?